La bande à Frédo

difusión

Centre de Recherche et de Publication de Langues, S.L.

C/ Trafalgar, 10, entlo. 1ª
08010 Barcelone
Tel (+34) 93 268 03 00
Fax (+34) 93 310 33 40
editorial@difusion.com

www.difusion.com

PUG
Presses Universitaires de Grenoble

Collection :
« Aventure jeune »

Auteur :
Anne-Marie Le Plouhinec

Édition :
Agustín Garmendia et Eulàlia Mata

Conception graphique et couverture :
Enric Font

Illustration de couverture :
Man

Illustrations :
Man + Frad

Notes et activités :
Agnès Aubertot

Correction :
Josette-Noëlle Carlier Vaubourg

2004 2005 2006 2007 2008 / 5 4 3 2 1

ISBN: 84-8443-166-5
Dépôt légal: M-23.395-2004

Imprimé en Espagne par Raro, S.L.

La bande à Frédo

Anne-Marie Le Plouhinec

difusión

PUG
Presses Universitaires de Grenoble

Avant-propos

En parcourant la collection **Aventure jeune**, vous plongerez dans les aventures vécues par des adolescents français et, en même temps, découvrirez de nombreuses facettes de la France d'aujourd'hui.

La bande à Frédo est entièrement écrit en français : il est normal que vous ne compreniez pas tous les mots, mais vous êtes certainement capable de comprendre le texte dans son ensemble et d'avoir le plaisir de lire dans la langue que vous étudiez.

Pour cela, nous avons accompagné **La bande à Frédo** de notes explicatives en bas de page permettant d'éclaircir certains points de grammaire ou de vocabulaire, tandis que d'autres notes apportent des précisions sur des particularités culturelles françaises.

Après la lecture, vous trouverez des activités variées : exercices de compréhension, travail sur le vocabulaire et sur la grammaire, jeux, etc. Vous serez également amené à réfléchir et à débattre avec vos camarades de classe sur les thèmes abordés dans les lectures. À la fin de l'ouvrage, vous trouverez les solutions de ces activiités.

Bonne lecture!

Personnages

La famille Lambert :

Monsieur Lambert
Madame Lambert
Christine, leur fille
Patrick, leur fils

Les jeunes de l'immeuble :

Frédéric, dit Frédo (signe particulier : il a une mèche de cheveux verts)
Isabelle, alias Zazou
Annie, dite La puce (un mètre quarante, trente kilos avec ses chaussures)
Saïd, un jeune « beur »[1]
Bernard, dit Nanard
Marc, dit Big Mac : quand il n'a pas un sandwich à la main, c'est qu'il vient juste de le terminer

1. **« beur » :** Français né de parents immigrés du Maghreb (Nord-Ouest de l'Afrique). Mot verlan. Le verlan est une sorte d'argot qui consiste à inverser les syllabes ou les lettres d'un mot. « Beur » a pour origine le mot « arabe ».

Scène 1

Devant un immeuble, dans une cité H.L.M.[2] de banlieue. Frédo, Big Mac, Saïd, La puce et Zazou parlent ensemble ; Nanard arrive, sur son skateboard.

NANARD Salut, les mecs ![3]

ZAZOU Salut ! Eh, mais regardez ça ! Monsieur a un nouveau skate !

BIG MAC Fais voir ! Super ! Je peux l'essayer ?

NANARD Ça va pas, non ? Avec tes 80 kilos, tu vas le casser !

LA PUCE Allez, arrête, Nanard ! Te moque pas tout le temps de Big Mac, tu nous gonfles !

À ce moment, Chris et Patrick passent devant le groupe pour entrer dans l'immeuble.

2. **une cité H.L.M. :** ensemble d'immeubles où les appartements sont bon marché. H.L.M. est le sigle de « Habitations à Loyers Modérés ». Ces cités se trouvent souvent dans la périphérie des grandes villes ou à l'extérieur des centres villes.

3. **un mec** un homme, un type. Mot familier très utilisé.

SAÏD Salut !

CHRIS Heu...[4] Salut ! *(Patrick ne répond pas.)*

FRÉDO Tiens, les nouveaux ! Tu les connais ?

SAÏD Un peu ; ils sont tous les deux dans notre classe.

La Puce C'est des jumeaux, je crois.

FRÉDO Des jumeaux ? Ben ça alors ![5] Et ils sont sympas ?[6]

LA PUCE Bof...[7] Un peu zarbis ;[8] surtout Patrick. Il parle pas beaucoup.
T'as vu, il a pas dit[9] un mot.

SAÏD Ils viennent d'un tout petit village, à la campagne. Ici, ils sont un peu paumés,[10] je pense. Ils restent tout le temps ensemble, et ils parlent à personne.

FRÉDO La fille, comment elle s'appelle ?

ZAZOU Christiane ou Christine, je sais plus. Mais elle préfère « Chris ».

SAÏD Elle a l'air plus sympa que son frère, je trouve.

4. **heu :** interjection qui indique une hésitation.
5. **Ben ça alors ! :** expression familière utilisée à l'oral, qui marque la surprise.
6. **sympa :** sympathique. Abréviation familière très utilisée.
7. **Bof... :** interjection familière qui indique l'indifférence. Utilisée par tous.
8. **zarbi :** bizarre, étrange. Mot verlan utilisé par les jeunes.
9. **il a pas dit :** le « ne » de la négation n'est pas systématiquement employé à l'oral. Cette construction est familière et très utilisée.
10. **paumé, paumée :** (familier) perdu.

LA PUCE Ça, c'est pas difficile ! Il est hyper[11] nul,[12] ce mec !

FRÉDO Bof, t'en[13] sais rien ! Il est pas très cool,[14] c'est sûr, mais ça veut pas dire qu'il est nul.

BIG MAC Bon, ciao,[15] moi je rentre. Ma mère a fait des spaghettis, mon plat préféré, et j'ai la dalle ![16]

ZAZOU Comme d'habitude...

TOUS Attends, on monte aussi.

11. **hyper :** très. Familier, très utilisé par les jeunes.

12. **nul :** (familier) mauvais, sans valeur.

13. **t'en :** « tu » suivi d'une voyelle est souvent abrégé à l'oral. Á l'écrit, « tu » ne s'apostrophe pas. Cette construction est familière et très emploiée.

14. **cool :** (familier) agréable, sympathique.

15. **ciao :** au revoir. Mot italien, très utilisé de façon familière. Se prononce comme « tchao ».

16. **avoir la dalle :** avoir faim. Expression familière utilisée par les adolescents et les adultes.

Scène 2

Chez les Lambert.

CHRIS Bonjour, m'man ![17]

MME LAMBERT Bonjour les enfants ! Ça va ?

PATRICK Bof... Ouais,[18] ça peut aller.

MME LAMBERT Qu'est-ce qu'il y a ? Tu n'as pas l'air en forme ! Tu ne vas pas bien ?

PATRICK Si, si, ça va...

CHRIS Patrick a le moral à zéro,[19] c'est ça qui va pas. La vie en banlieue, c'est pas assez bien pour Monsieur.

PATRICK Et tu trouves ça drôle, toi, ici ? On a perdu tous nos copains, on habite dans des blocs en béton, y a[20] pas un arbre dans tout le quartier...

17. **m'man :** maman. Familier et utilisé à l'oral.

18. **Ouais :** oui. Familier et utilisé à l'oral.

19. **avoir le moral à zéro :** être déprimé. Familier, utilisé par les adolescents et les adultes.

20. **y a :** il y a. Construction familière très employée à l'oral.

MME LAMBERT Je suis d'accord avec toi, Patrick ; en ce moment, la vie est un peu difficile, pour nous ; mais il faut essayer de l'accepter.

CHRIS De toute façon, t'as pas le choix.

MME LAMBERT Ton père a choisi de venir travailler ici, et je crois qu'il a bien fait.

PATRICK Ça, c'est pas sûr ; papa gagne peut-être un peu plus d'argent, mais ici tout est trois fois plus cher. Et puis, l'appartement est tout petit, et...

CHRIS Mais arrête un peu de râler ! J'ai déjà entendu ça vingt fois aujourd'hui ! Tu dis tout le temps la même chose : « Ici, on a pas de jardin, on perd des heures dans le métro et les bus, et patati, et patata »...[21]

PATRICK Et c'est pas vrai ?

CHRIS Si, bien sûr, mais essaie de voir aussi les avantages de la vie en ville.

MME LAMBERT Ta sœur a raison, Patrick. C'est aussi un peu à cause de vos études que ton père a voulu partir du village. Ici, vous pouvez choisir : il y a toutes les écoles, et toutes les facs.[22]

21. et patati, et patata : onomatopée qui indique qu'une conversation est longue et peu intéressante. Familier, utilisé à l'oral par les enfants, les adolescents, les adultes.

22. une fac : une faculté universitaire. Abréviation familière.

PATRICK O.K.[23] Excuse-moi, maman. Je sais que je suis égoïste. Mais je trouve pas ma place, ici.

MME LAMBERT J'ai aussi des problèmes, qu'est-ce que tu crois ? Mais je fais des efforts... Bon, je vous laisse, je dois vite aller à la boucherie. S'il vous plaît, rangez un peu la cuisine avant de sortir !

PATRICK D'accord, m'man !

CHRIS À ce soir !

23. O.K. : d'accord. Familier, très utilisé à l'oral.

Scène 3

CHRIS — Allez, frangin,[24] arrête de faire la gueule ![25] Tu crois que c'est marrant,[26] pour moi, de te voir toujours triste ?

PATRICK — Écoute, Christine…

CHRIS — D'abord, appelle-moi Chris !

PATRICK — Ah oui, c'est vrai : madame veut un surnom, comme tout le monde !

CHRIS — Et alors ? Qu'est-ce que ça peut te faire ? Je veux être comme les jeunes d'ici, moi. Je veux avoir des copains, et vite ! Ça sert à rien de rester tout seul et de regretter le passé.

PATRICK — Je sais, mais c'est pas facile. Comment t'expliquer ? Toute la bande, là, Frédo, Saïd, Zazou, Big Mac, La puce, Nanard… Ils ne sont pas comme nous.

24. **un frangin, une frangine :** un frère, une sœur. Argot utilisé à l'oral par les adolescents et les adultes.
25. **faire la gueule :** bouder. Familier, impoli, utilisé à l'oral par les adolescents et les adultes.
26. **marrant, marrante :** (familier) drôle, amusant.

Je me trouve toujours un peu bête, quand on discute.

CHRIS Mais enfin, pourquoi ? Bon, d'accord, ils ont un autre look[27] que nous, et aussi d'autres habitudes ; mais c'est quand même pas des martiens !

PATRICK Nnnon... Enfin, pas vraiment, mais...

CHRIS Qu'est-ce que tu veux dire ?

PATRICK Des fois, ils font des trucs bizarres. Tiens, un exemple : tu as déjà entendu parler de « l'épreuve » ?

CHRIS C'est quoi, encore, cette histoire ? T'essaies de me décourager, ou quoi ?

PATRICK Non, non, tu peux me croire, c'est vrai !

CHRIS Bien vrai? C'est pas une blague ? Bon, alors raconte, je veux savoir.

PATRICK O.K. Voilà : ici, quand on veut entrer dans une bande, il faut d'abord passer une épreuve : il faut faire quelque chose de dangereux, pour montrer aux autres qu'on peut avoir sa place dans leur groupe.

CHRIS Mais quoi, par exemple ?

PATRICK Ça, à toi de trouver. Il faut aussi prouver que tu as des idées !

27. un look : apparence générale, allure, façon de s'habiller, de se coiffer... Familier, anglicisme, très utilisé par les jeunes, les adultes et dans le monde de la mode et du design.

CHRIS J'ai jamais entendu parler de ça ! Comment t'es au courant ?

PATRICK Ben...[28] Tout le monde sait ça. Bon, tu viens ? C'est l'heure d'aller en classe.

CHRIS Ouais, attends, j'arrive. *(Seule.)*... Une épreuve ! Quelle galère ![29] Mais qu'est-ce que je vais faire ? Ah ! J'ai une idée !

28. **ben :** bien. Familier très utilisé à l'oral.

29. **quelle galère ! :** exclamation qui sert à qualifier une situation difficile. Expression imagée qui vient du sens concret de « galère » qui était un bateau où ramaient des esclaves et des prisonniers. Très employée par les jeunes.

Scène 4

Le lendemain, devant le garage à vélos.

BIG MAC Hé, les mecs, venez voir !

LA PUCE Quoi ? Tiens, une mobylette rose-fluo ! Mais qu'est-ce qu'elle fait là ?

BIG MAC Tu la reconnais pas ? C'est la mob[30] de Guitou.

LA PUCE Ça ? Mais qu'est-ce que tu racontes ? Elle est grise, la mob du gardien.

BIG MAC Eh ben, maintenant, elle est rose.

LA PUCE T'es sûr ? Ah, mais oui ! Ça, c'est marrant!

ZAZOU Ah bon, tu trouves ça drôle, toi ? Mais réfléchis un peu : c'est la cata ![31]

FRÉDO Ouais, on a déjà assez de problèmes, avec Guitou... On a vraiment pas besoin de ça !

ZAZOU C'est vrai : quand il va voir ça, il va nous déclarer la guerre ! Mais qui a fait ça ?

30. **une mob :** abréviation pour « mobylette ». Familier et utilisé à l'oral.
31. **c'est la cata ! :** c'est une catastrophe ! Expression familière à l'oral utilisée par les adolescents et les adultes.

SAÏD Oh !... Je crois que je sais qui c'est... Hier, j'ai vu Chris sortir du supermarché avec une bombe de peinture.

LA PUCE Rose-fluo ?

SAÏD Ça, j'ai pas vu. Mais le soir, vers sept ou huit heures, je l'ai rencontrée près du garage à vélos.

ZAZOU Bon, alors c'est Chris, pas de doute.

BIG MAC Si on en est sûrs, y a qu'une solution : on va trouver Guitou-la-Terreur, on lui dit qu'on sait qui a fait le coup,[32] et il nous laisse tranquilles.

SAÏD Ah, non ! Pas d'accord !

FRÉDO Saïd a raison, Big Mac. On va quand même pas se faire des vacheries[33] entre jeunes.

BIG MAC *(en colère)* Mais tu te rends pas compte ? Si elle continue comme ça...

FRÉDO Bon, écoutez : calmos,[34] je vais lui parler. Mais vous devez me promettre une chose : si le gardien vous pose des questions, vous avez rien vu, vous savez rien.

TOUS O.K., d'accord.

32. **le coup :** (familier) action malhonnête.

33. **une vacherie :** une méchanceté. Familier, impoli, utilisé à l'oral par les enfants, les adolescents et les adultes.

34. **calmos :** on se calme. Familier et utilisé à l'oral.

Scène 5

Frédo est resté devant le garage à vélos. Il attend Chris. Elle arrive, très contente.

CHRIS Salut ! Eh, quelle tête tu fais ! Y a quelque chose qui va pas ?

FRÉDO C'est bien toi qui as repeint la mob du gardien ?

CHRIS Ben oui, elle est plus jolie comme ça, tu trouves pas ?

FRÉDO Ah, bravo ! Bonne idée ! On voit bien que tu connais pas Guitou : c'est un vrai flic ![35]

CHRIS Oui, je sais, il passe tout son temps à interdire : il faut pas marcher sur les pelouses, pas courir dans l'escalier, pas faire de bruit… C'est facile, on peut rien faire !

FRÉDO Justement : quand il va voir ça, il va être en pétard ![36]

35. **un flic :** un policier. Familier, utilisé à l'oral par les adolescents et les adultes.
36. **être en pétard :** être en colère. Familier, utilisé à l'oral par les adolescents et les adultes.

CHRIS Et alors ? Il te fait peur, ou quoi ? Il va pas te manger !

FRÉDO Non, mais il peut nous stresser un max :[37] par exemple, il peut nous interdire la cave.

CHRIS *(étonnée)* Quelle cave ?

FRÉDO Ah, t'es pas au courant ? Big Mac, Zazou et moi, on fait de la musique ensemble. Pour le moment, Guitou nous laisse répéter dans une cave vide. Mais si on lui fait des vacheries... Fini !

CHRIS Ah, ouais, c'est dur, dur ![38] Excuse-moi, je...

FRÉDO O.K., ça va pour cette fois. Mais recommence jamais ça !

CHRIS C'est promis ! Et... Vous faites quoi, comme musique ?

FRÉDO Oh, un peu de rock, un peu de rap... La musique qu'on aime, quoi. Big Mac joue de la batterie, moi des keyboards. Zazou est notre chanteuse. Elle joue aussi un peu de guitare, mais pas très bien.

CHRIS Big Mac à la batterie ? Ça, c'est drôle !

37. **un max :** au maximum. Familier, utilisé à l'oral par les adolescents et les adultes.

38. **c'est dur, dur ! :** c'est pénible, c'est difficile. Exclamation familière.

FRÉDO Pourquoi ? Tu sais, tout le monde se moque de lui parce qu'il est trop gros, mais il joue super bien !

CHRIS Et... Il a un nom, votre groupe ?

FRÉDO Non, pas encore. De toute façon, on joue juste pour nous, pour s'amuser.

CHRIS Et les autres, ils font aussi de la musique ?

FRÉDO Non. Ma sœur, Maryse, a essayé, mais elle chante comme une casserole ![39] Nanard et La puce, c'est surtout des sportifs : VTT, skateboard, un peu d'escalade... Avec ces deux-là, il faut toujours de l'action ! Ils dansent vachement[40] bien, aussi !

CHRIS Et Saïd ?

FRÉDO Il fait pas grand-chose, mais il est cool... Il est pote [41] avec tout le monde ; seulement, en ce moment, il est comme les autres, assez en colère contre toi, et c'est normal.

CHRIS Oui, bon, je comprends ; si tu les vois, tu peux leur dire que je regrette, O.K.?

39. **chanter comme une casserole :** chanter faux. Expression familière.

40. **vachement :** (familier) très. Utilisé à l'oral.

41. **un pote :** (familier) un ami.

Scène 6

Dans la cour de récréation, les jeunes parlent de Chris.

SAÏD Attention, parlons d'autre chose, voilà Chris.

CHRIS Hum... Bonjour, tout le monde, ça va ?

SAÏD Ça va, et toi ?

CHRIS Très bien, merci. Quelqu'un a l'heure ? J'ai une nouvelle montre, mais je l'ai pas encore bien réglée.

ZAZOU Fais voir ! Eh, mais c'est une Flash ! Super ! [42]

BIG MAC Oh, la vache ! [43] et ça t'a coûté combien, ce truc ?

CHRIS Tu veux savoir ? Zéro euro et zéro centime.

BIG MAC C'est un cadeau ?

CHRIS Mieux que ça...

42. super ! : fantastique ! Exclamation utilisée par les enfants, les adolescents et les adultes.

43. la vache ! : exclamation populaire qui indique la surprise, et ici particulièrement, l'admiration.

ZAZOU Ah, je comprends : Tu l'as piquée,[44] c'est ça ?

CHRIS *(très fière)* Ben oui, qu'est-ce que tu crois ? Quand j'ai envie de quelque chose...

ZAZOU Ah, bravo ! Tu peux t'inscrire à un championnat d'idées idiotes, tu es sûre de gagner !

LA PUCE Mais arrêtez un peu ! Piquer une montre, c'est pas très grave.

SAÏD Tu parles ! Et après, on dit que c'est les Beurs qui volent ! Moi, j'en ai ras-le-bol ![45]

Chris, découragée, jette la montre par terre et part seule.

SAÏD Hum... on a été un peu durs avec elle, là !... Eh, Chris, attends ! *(Il va la voir.)*

CHRIS Qu'est-ce qu'il y a ? Tu peux pas me laisser tranquille ? J'ai encore raté l'épreuve, et j'en ai vraiment marre.[46]

SAÏD Tu as raté... Quoi ?

CHRIS Mais l'épreuve, tiens ! Tu sais bien, le truc dangereux que je dois faire pour entrer dans votre bande.

44. **piquer :** (familier) voler.

45. **en avoir ras le bol :** en avoir assez. Familier, utilisé par les adolescents et les adultes.

46. **en avoir marre :** (familier) en avoir assez, être dégoûté.

SAÏD Attends, je comprends rien, là ! Qui t'a raconté ça ?

CHRIS C'est mon... Heu, c'est quelqu'un.

SAÏD Et c'est pour ça que tu as fait ces conneries ?[47] Mais c'est débile ![48]

Y a pas d'épreuve ! La seule chose qui va pas, c'est...

CHRIS Quoi ?

SAÏD C'est ton look : pour tout dire, t'es pas très chébran,[49] t'es même un peu ringardos.[50] Mais avec une autre coiffure, par exemple...

Chris *(vexée)* T'es marrant, toi : c'est mon père qui paie le coiffeur, je peux pas faire comme je veux.

SAÏD Eh, j'ai une idée : va voir Maryse.

CHRIS La sœur de Frédo ? Mais pourquoi ?

SAÏD Elle est apprentie coiffeuse, et elle cherche toujours des têtes pour s'entraîner. Je suis sûr qu'elle te fait une super-coiffure gratos.[51]

47. **une connerie :** une action stupide, ici. Peut être aussi une parole stupide. Familier, impoli, utilisé par les enfants, les adolescents et les adultes.
48. **débile :** stupide, bête, nul. Familier, utilisé par les enfants, les adolescents et les adultes.
49. **chébran :** à la mode. Verlan de « branché ». Employé par les adolescents.
50. **ringardos :** démodé, ringard. Familier, utilisé par les adolescents.
51. **gratos :** (familier) gratuit.

CHRIS Mon père va m'engueuler...[52]

SAÏD Bof... C'est pas un problème ! Les vieux, ils gueulent, ils gueulent,[53] et après, ils s'habituent.

CHRIS T'as raison ! Merci pour le conseil, Saïd.

52. **engueuler :** disputer. Familier, impoli, utilisé par les enfants, les adolescents et les adultes.

53. **gueuler :** crier. Familier et impoli.

Scène 7

La famille Lambert est à table. Chris arrive, en retard et très contente de son nouveau look.

M. LAMBERT — C'est à cette heure que tu rentres ? Tu te crois à l'hôtel, ou quoi ?

CHRIS — Excuse-moi, papa.

M. LAMBERT — *(choqué)* Et qu'est-ce que c'est que cette coiffure de sauvage ? Non, mais tu t'es vue ? Tu ressembles à un épouvantail !

CHRIS — Je ressemble aux jeunes d'ici, et c'est ça ce que je veux !

M. LAMBERT — Ah, vraiment ? Tu veux prendre exemple sur ces petits voyous qui traînent en mobylette devant l'immeuble, avec leurs jeans pleins de trous et leurs blousons américains ?... Ma pauvre fille...

MME LAMBERT — Écoute, Jacques, tu ne crois pas que tu es un peu trop sévère ? Ces jeunes veulent être à la mode, c'est tout. Et on peut porter un blouson sans être un loubard.[54]

54. un loubard : jeune malhonnête qui vit dans une banlieue. Familier, utilisé par les adolescents et les adultes.

M. LAMBERT Tu parles ![55] Il y en a même un qui a une mèche de cheveux verts !

MME LAMBERT Je sais : je l'ai rencontré dans l'ascenseur, et il est très gentil. Et puis, il faut comprendre ta fille : quand on est nouveau dans une ville, c'est important d'avoir tout de suite des amis.

CHRIS En tout cas, j'aime mieux avoir les copains aux cheveux verts que rester seule, comme Patrick !

MME LAMBERT C'est vrai, Jacques ; regarde ton fils : sans ses copains, il n'est plus comme avant. Il s'ennuie, il ne sait pas quoi faire. Même sa caméra vidéo ne l'intéresse plus.

PATRICK Ça, c'est pas vrai !

CHRIS Alors, pourquoi tu la prends jamais ?

PATRICK Et pour filmer quoi ? Je vais quand même pas me promener dans la cité avec ma caméra sur l'épaule !

M. LAMBERT Vous pensez un peu trop à vous amuser et pas assez à l'école, voilà le vrai problème.

CHRIS Oh, arrête, tu m'énerves ! Avec toi, on peut jamais discuter.

55. **tu parles ! :** expression qui indique qu'on ne croit pas ce qui vient d'être dit. Est toujours à la 2e personne du singulier. Familier, utilisé par les adolescents et les adultes.

Scène 8

Devant l'immeuble, Chris et Patrick rencontrent Saïd.

SAÏD Salut, vous deux ! Eh, Chris, montre, un peu ? Super, ta nouvelle coiffure ! Maintenant, t'as un look d'enfer !

CHRIS Bien, hein ? Mon père a gueulé, hier soir, mais moi, je suis vachement contente. Dis donc, tu sais quel âge elle a, Maryse ?

SAÏD Heu... Seize ans, je crois ; elle a quitté le collège l'an dernier, après la troisième. L'école, c'est pas son truc, tu vois.

CHRIS Ouais, mais quand même, quinze ans, c'est trop tôt pour commencer à travailler, tu trouves pas ? Moi, je veux rester à l'école plus longtemps. D'abord, je sais pas du tout quel métier je veux faire plus tard. Et toi ? T'as déjà une idée ?

SAÏD Non, pas vraiment. J'adore le cinéma, mais mon père dit que faire des films, c'est pas un boulot.[56]

56. **un boulot :** (familier) un travail, une profession.

CHRIS Pourquoi pas ? Y a des acteurs qui gagnent beaucoup d'argent !

SAÏD Eh, mais je veux pas être acteur, moi : je veux tourner des films !

PATRICK Comment tu sais que ça te plait ? T'as déjà essayé ?

SAÏD Oui, un peu : j'ai une caméra vidéo... Mais c'est vachement dur, je trouve, et tout seul, je fais pas de progrès.

PATRICK Ça, c'est normal : au début, c'est difficile, quand t'as personne pour t'aider ; mais si tu veux, je peux te donner quelques conseils.

SAÏD C'est vrai ? T'es branché vidéo,[57] toi aussi ?

PATRICK Ben oui : j'ai appris avec mon oncle et mon cousin. Ils ont tout le matériel pour faire le montage des films, le mixage et tout ; c'est super intéressant. Mais maintenant qu'on habite ici, j'ai plus rien, seulement ma caméra.

SAÏD Tu sais quoi ? À la M.J.C.,[58] y a un club vidéo : si on y est inscrit, on peut travailler

57. **T'es branché vidéo :** (familier) tu t'intéresses au vidéo.

58. **une M.J.C. :** abréviation de « Maison des Jeunes et de la Culture » ; centre où sont proposées des activités culturelles ou sportives aux jeunes d'un quartier.

avec tous les appareils, et y a un moniteur qui est là pour nous aider.

PATRICK Ça, c'est pas mal ; et pourquoi t'y vas pas, à ce club ?

SAÏD Ben... Les autres sont beaucoup plus vieux que moi, et ils sont pas très sympas, alors c'est pas marrant. Mais si on y va ensemble...

PATRICK O.K., bonne idée ! Les autres, on s'en fout :[59] on va bien se marrer,[60] tous les deux !

59. **se foutre de :** ne pas accorder d'importance à quelque chose. Familier et impoli.

60. **se marrer :** (familier) s'amuser, rire.

Scène 9

Chris, Patrick et Saïd arrivent au collège. Les autres sont déjà là.

FRÉDO Eh, mais je rêve, ou quoi ? Ouaaah, la super nana ![61]

LA PUCE C'est vraiment toi, Chris ?

BIG MAC On te reconnaît plus !

CHRIS Arrêtez, vous allez me faire rougir ! Oh, zut, voilà le prof de musique !

SAÏD Ce vieux schnock ![62]... Je peux pas le voir ! Il m'énerve un max !

BIG MAC Moi aussi : pour lui, y a Mozart et Beethoven, et tout le reste, c'est pas de la musique.

FRÉDO Et puis, vous savez quoi ? Je crois qu'il aime pas les jeunes : il dit tout le temps qu'on s'intéresse à rien.

CHRIS Mais alors, pourquoi il est prof ?

61. **une nana :** (familier) une fille.
62. **un schnock :** un imbécile. Familier, utilisé par les adolescents et les adultes.

LA PUCE Laisse béton,[63] tous les profs sont pareils.

PATRICK Ah non, pas d'accord : Longuet, par exemple, il est plutôt cool avec les jeunes, et Morvan aussi.

FRÉDO Peut-être, mais ils nous donnent toujours trop de devoirs, et il faut tout savoir par cœur.

CHRIS À propos, vous avez appris le vocabulaire allemand ?

BIG MAC Moi, je le sais pas bien : c'est trop long, j'arrive pas à tout retenir.

ZAZOU Moi, j'ai un « truc » pour apprendre par cœur : vous savez comment je fais ? Je choisis une chanson que j'aime bien, et je la chante avec le texte à apprendre.

BIG MAC Et ça marche ?

ZAZOU Pas mal, ouais. Et surtout, c'est beaucoup moins rasoir.[64]

FRÉDO Hé Hé ! Pas bête, la petite Zazou !

63. **laisse béton :** (familier) « laisse tomber » en verlan. Signifie ici, ne cherche pas à comprendre.

64. **rasoir :** (familier) ennuyeux.

Scène 10

CHRIS Eh, Saïd, je peux te parler deux minutes ?

SAÏD Bien sûr, qu'est-ce qu'il y a ?

CHRIS Voilà... J'ai une idée, mais je sais pas si elle est bonne. Je veux dire... Peut-être que les autres vont encore se moquer de moi.

SAÏD Dis toujours ?

CHRIS Ben, tu sais, pour la fête du collège, on veut faire quelque chose ensemble, mais on sait pas encore quoi. Alors, j'ai pensé... *(Elle explique son idée à Saïd.)*

SAÏD Eh, mais c'est génial ! Frédo, Zazou, Big Mac, Patrick ! Venez, on a quelque chose à vous dire : on a un plan d'enfer,[65] pour la fête : on va faire un vidéoclip !

FRÉDO Qui, « on » ?

CHRIS Attendez, je vous raconte : on fait comme Zazou a dit ; on prend un rap qu'on aime bien, et on écrit un nouveau texte :

65. **d'enfer :** (familier) génial, fantastique.

un résumé des leçons les plus casse pieds ![66]

ZAZOU Ah, je comprends ! Tu veux dire : un couplet sur les rois de France, un autre sur les affluents de la Seine...

BIG MAC Sans oublier les règles de grammaire, les maths...

CHRIS C'est ça ! Moi, je peux écrire le texte ; et pour la musique, on a « la bande à Frédo »: Frédo aux keyboards,[67] Big Mac à la batterie, et Zazou comme chanteuse !

ZAZOU Ouais, c'est bien, mais t'oublies un détail : un clip, c'est un film ; qui va filmer tout ça ?

CHRIS Ben... Patrick, tiens ![68]

BIG MAC Tu sais faire ça ? Et le montage, aussi ?

PATRICK Oui ; et puis, je fais pas ça tout seul : Saïd va être mon assistant.

CHRIS Et pour la partie break dance, on a Nanard et La puce. Je pense qu'ils sont d'accord.

66. **casse pied :** (familier) lourd, ennuyeux.
67. **des keyboards :** synthétiseur. Anglicisme, utilisé par les adolescents et les adultes.
68. **tiens ! :** exclamation qui marque ici l'évidence.

FRÉDO Tu sais que t'as des bonnes idées, quand tu veux ?

BIG MAC Ouais, mais… Ça va pas être trop difficile ?

CHRIS On peut toujours essayer, non ? Moi, je suis sûre que ça va marcher !

PATRICK Et puis, on peut demander à un prof sympa de nous aider…

ZAZOU Tu crois ? Tu sais, les profs…

FRÉDO Mais si, pourquoi pas ? Autrement, on va peut-être avoir trop de problèmes.

CHRIS Alors, vous êtes tous d'accord ? Super ! Et vive la bande à Frédo !

Scène 11

Le clip est présenté au collège, pendant la fête. Les élèves, et même les profs, l'applaudissent beaucoup.

PROF DE FRANÇAIS Pas mal, pas mal du tout, ces jeunes !

PROF DE MATHS Oui, quand ils veulent, hein, ils sont capables de faire des efforts !

PROF DE FRANÇAIS Vous venez ? Moi, je vais les féliciter !

PATRICK Alors, m'sieu,[69] vous le trouvez comment, notre clip ?

PROF DE FRANÇAIS Très bien, vraiment ! Vous avez fait du bon boulot.

PROF DE MUSIQUE Qui a écrit le texte ? Il est très drôle.

CHRIS C'est moi, m'sieu. C'est-à-dire... Monsieur Morvan m'a un peu aidée.

FRÉDO Mais la musique... Hum ! vous l'avez sûrement pas trop aimée.

PROF DE MUSIQUE Non, pas beaucoup, c'est vrai ! J'avoue que je préfère la musique classique.

69. **m'sieu :** monsieur, à l'oral, de façon familière. Surtout employé par les enfants et les adolescents.

ZAZOU En tous cas, m'sieu, Mozart, pour danser hip-hop,[70] c'est pas génial.

PROF DE MUSIQUE Ça, je n'en sais rien : Je dois dire que je n'ai jamais essayé de danser hip-hop.

PROF DE MATHS Voyons,[71] cher ami, il ne faut pas être trop vieux jeu :[72] il est très bien, ce clip !

PROF DE MUSIQUE Bon, bon, d'accord, j'arrête mes critiques : c'est vrai que vous avez fait du bon travail.

PATRICK En tout cas, nous, on est contents, vous savez !

CHRIS Au début, on a eu beaucoup de problèmes, et plus d'une fois, on a voulu tout laisser tomber.

PROF DE MATHS Eh bien, heureusement que vous n'avez pas abandonné : le résultat est très bon.

PATRICK Et maintenant, on a très envie de faire d'autres choses ensemble.

PROF DE FRANÇAIS Formidable ! Et vous, Patrick et Chris, je vois avec plaisir que vous avez enfin le sourire.

70. **hip hop :** (anglicisme) mouvement culturel auquel appartiennent le rap et la break dance, très à la mode auprès des adolescents des banlieues.
71. **voyons :** s'utilise comme pour faire un reproche, sert à inciter l'interlocuteur à réfléchir à nouveau sur un sujet. Employé à l'oral surtout par les adultes.
72. **vieux jeu :** démodé, dépassé.

PATRICK Forcément, m'sieu : quand on est seul, la vie est dure ; mais maintenant, on a toute une bande de copains !

PROF DE FRANÇAIS « La bande À Frédo », c'est ça ?

CHRIS Oui, je sais... En bon français, on doit dire : « La bande DE Frédo »...

FRÉDO Mais c'est pas très grave, hein, m'sieu ? L'important, c'est d'avoir des potes... Heu, pardon, des amis !

Après la lecture

Scène 1

1. Où habitent les jeunes ?
2. Expliquez les noms : La puce, Big Mac.
3. D'où viennent Chris et Patrick ?
4. En bon français, comment appelle-t-on un skateboard ?
5. As-tu déjà fait du skateboard ? Ça te plaît ? Préfères-tu d'autres sports de rue, comme le patin à roulettes, le vélo, etc. ? Fais ton classement :

   1er ______________________________

   2e ______________________________

   3e ______________________________

   … ______________________________

6. As-tu déjà été « le nouveau » ou « la nouvelle » de la classe ? Est-ce que ça a été facile, long, etc. de te faire des copains ? Comment ça s'est passé ? Quelle

a été ton attitude ? Comment les gens se sont-ils comportés avec toi ?

J'ai changé d'école, quand j'avais...

7. Comment t'es-tu senti(e) avant le déménagement ? Étais-tu enthousiaste, triste, inquiet… À quoi pensais-tu ? Comment imaginais-tu ta nouvelle vie ? Comment ont réagi tes copains quand tu leur as dit que tu allais partir ? As-tu été surpris par leurs réactions ?

Avant de déménager, je...

8. Quelle attitude adoptes-tu quand un nouveau ou une nouvelle arrive ? Complète le tableau.

	Oui	Non	Pourquoi ?
Tu vas lui parler.			
Tu l'ignores.			
Tu l'observes attentivement avant tout mais tu n'agis pas.			
Tu l'observes et s'il / elle a l'air sympa tu vas vers lui / elle.			
Tu attends qu'il / elle vienne vers toi.			

9. Barre l'un des adjectifs en gras : Les « nouveaux » de l'histoire sont, ce qu'on appelle en français courant, des **vrais / faux** jumeaux. Qu'est-ce que ça veut dire ?

10. Connais-tu des frères jumeaux ou des sœurs jumelles ? Les trouves-tu différents des autres frères et

sœurs que tu connais ? Leur relation est-elle particulière ?

Scène 2

1. Pourquoi est-ce que Patrick a le moral à zéro ?
2. Pourquoi est-ce que les Lambert sont venus vivre dans cette banlieue ?
3. Quels sont les avantages et les inconvénients de la vie en banlieue ?
4. Imagine que tu déménages : quelles conditions doivent être réunies pour que tu déménages avec enthousiasme ? Par exemple : tu déménages dans un pays qui te fait rêver, par amour...

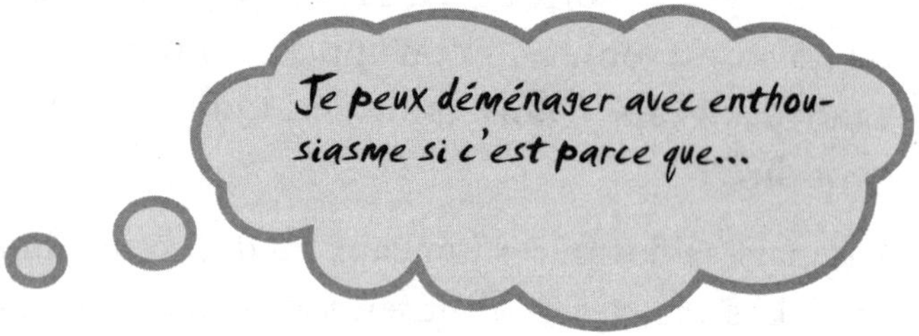

5. Que préfères-tu : vivre en ville ou à la campagne ? Pour quelles raisons ?

La vie à la campagne est très chouette parce que...

Vivre dans une ville est fantastique car...

6. Complète les phrases avec **plus, plus de** ou **plus d'**.

a. M. Lambert gagne __________ argent qu'avant.

b. Tout est 3 fois __________ cher dans cette région.

c. Chris fait __________ efforts pour s'intégrer que Patrick.

d. Patrick est __________ impatient que Chris.

e. Mme Lambert est __________ contente que ses enfants d'avoir déménagé.

f. Habiter à la campagne présente souvent __________ obstacles quand on veut aller à l'université.

g. Chris fait preuve de __________ courage que son frère pour affronter les obstacles de leur nouvelle vie.

Scène 3

1. Pourquoi est-ce que Christine veut un surnom ? As-tu un surnom ? Lequel ? Quelle est son origine ? Qui te l'a donné et pourquoi ?

Mon surnom est...

2. Qu'est-ce que l'épreuve ? Dans ton école, pour entrer dans une bande, est-ce qu'il faut réussir une épreuve ? Laquelle ? Qu'est-ce qui fait qu'une bande est unie ? Comment sait-on que des personnes appartiennent à une même bande ?

Dans mon école, il y a des bandes

3. Associe un début de phrase du bloc de gauche avec une fin de phrase du bloc de droite.

a. Chris et Patrick… b. Nanard, Zazou, Big Mac, la puce, Saïd et Frédo…	1. … habitent la cité depuis longtemps. 2. … sont jumeaux. 3. …n'ont pas d'amis 4. … trouvent les nouveaux zarbis. 5. … viennent d'arriver dans le quartier.

Scène 4

1. Qu'est-ce que les jeunes découvrent le lendemain ?
2. Pourquoi est-ce que Saïd pense que c'est Chris qui a fait ça ?
3. Que veut faire Big Mac ? Pourquoi ?
4. Si tu vois quelqu'un faire une vacherie à quelqu'un et que tu penses qu'on va te rendre responsable, dénonces-tu le coupable ? Est-ce que la situation peut te poser un problème de conscience ? Pour quelles raisons ?

Si je suis témoin d'une vacherie…

5. Ça t'est déjà arrivé de « payer pour un autre », c'est-à-dire d'être accuser injustement ? Comment as-tu réagi ? T'es-tu défendu ? Comment ?

Une fois, j'ai payé pour un autre qui...

6. Est-ce qu'un autre a déjà payé pour toi ? Qu'as-tu fait ?

Une fois, quelqu'un a payé pour moi...

7. Que penses-tu de l'idée de dénoncer Chris au gardien ? Imagine-toi à la place de Saïd : tu sais ce que Chris a fait. Quelle attitude adoptes-tu ?

À la place de Saïd, je...

8. Complète avec **rien**, **tout**, **personne** et **quelqu'un**.

a. Frédo veut que ses copains ne disent ______________ au gardien.

b. Frédo veut faire croire que ______________ n'a vu qui a peint la mob en rose.

c. Quand le gardien verra sa mob, il pensera que c'est ______________ de la bande à Frédo qui a fait le coup.

d. Les copains de Frédo savent ______________ de la bêtise faite par Chris.

Scène 5

1. Pourquoi est-ce que Chris est contente ?

2. Joues-tu ou aimerais-tu jouer d'un instrument ? Lequel ? Si tu joues d'un instrument, depuis combien de temps ?

3. Aimerais-tu jouer dans un groupe ? Quel style de musique ?

4. Choisis l'expression idiomatique correcte.

   a. C'est insupportable ! Elle chante **comme une casserole / comme un train / comme un moteur.**
   b. Quel bon danseur ! Il a le rythme dans **le cœur / les yeux / le sang.**
   c. Sa musique est trop forte. Il nous casse **les tympans / les oreilles / la tête.**
   d. Quel artiste ! Elle a **le sang mélodieux / les tympans musicaux / l'oreille musicale.**

5. Comment est-ce que Chris voit son épreuve à la fin de la scène ?

Scène 6

1. Pourquoi est-ce que Chris a volé une montre ?

2. Connais-tu quelqu'un qui a eu un comportement malhonnête pour surprendre ses amis ? Qu'a-t-il fait ? Comment ses amis ont-ils réagi ? Ça a changé les relations de ces personnes ? Et toi, serais-tu capable d'être malhonnête pour épater quelqu'un ?

Je connais quelqu'un qui, pour surprendre ses amis, a été capable de…

3. Remplace les mots en gras par un synonyme de la liste. Si c'est un verbe, conjugue-le.

visage - disputer - bouche - crier

a. Les vétérinaires n'ont pas peur d'ouvrir la **gueule** des animaux.
b. Il profite de sa « supériorité », il **engueule** son petit frère.
c. Il **gueule** tout seul dans sa voiture.
d. Il a la même **gueule** qu'Alain Delon.

4. Pourquoi est-ce que Chris est triste ?
5. Saïd ne comprend rien à l'histoire de Chris. Pourquoi ?
6. Qui est Maryse ?
7. Quel conseil Saïd donne-t-il à Chris ?
8. Comment est-ce que Saïd voit les parents ?
9. Vrai ou faux ?

a) Cochez la bonne colonne. Lisez les lettres marquées de haut en bas et vous avez la solution.
b) Corrigez les phrases qui sont fausses.

	VRAI	FAUX
1. Guitou est sympa ; avec lui, on peut tout faire.	M	S
2. Patrick est un peu zarbi. Il parle trop.	L	K

3. En ville, M. Lambert gagne plus d'argent.	A	P
4. Mme Lambert doit aller à la boucherie.	T	C
5. La sœur de Frédo chante bien.	F	E
6. Chris et Patrick viennent de Marseille.	H	B
7. Big Mac joue de la batterie.	O	G
8. Les frites sont le plat préféré de Big Mac.	V	A
9. Chris a volé une montre Flash.	R	N
10. Frédo a une mèche de cheveux rose-fluo.	U	D

Scène 7

1. Est-ce que tes parents apprécient tous tes amis ? S'ils n'en aiment pas certains, pourquoi ?

2. Est-ce que le look de tes amis t'importe ? Peux-tu être ami avec quelqu'un dont tu trouves le look ridicule, ringard ou horrible ? Selon toi, pourquoi le look est important ou non ?

3. Complète les phrases avec les mots de la liste. Attention aux accords !

loubard – coiffure – voyou – épouvantail

a. Selon M. Lambert, Chris a une ____________ de sauvage.
b. Il pense que Chris ressemble à un ____________.
c. Selon le père de Chris, les jeunes avec les mobylettes de la H.L.M. sont des ____________.
d Pour Mme Lambert, porter un blouson ne veut pas dire qu'on est un ____________.

Scène 8

1. Qu'est-ce que Saïd pense de la nouvelle coiffure de Chris ?
2. Pourquoi est-ce que Maryse a quitté le collège ?
3. Sais-tu quel(s) métier(s) te plairai(en)t ? Quelle(s) profession(s) t'attire(nt) ?

Plus tard, je voudrais être…

4. Penses-tu qu'étudier est indispensable pour avoir un métier ? Pour quelles raisons ? Qu'est-ce que les études apportent ?

5. Qu'est-ce que Saïd a envie de faire plus tard ?

6. Comment est-ce que Patrick a appris à travailler avec sa caméra vidéo ? Qu'est-ce qu'il propose à Saïd ?

7. Dans ton pays, existe-t-il des lieux semblables aux M.J.C. ?

Dans mon pays, les jeunes...

8. Faites des phrases.

1. trop – avec – enfants – M. Lambert – ses – sévère – est
2. vidéo – oncle – a – Patrick – son – appris – la – avec

3. veut – comme – d'ici – les – être – Chris – jeunes
4. Maryse – pour – toujours – des – cherche – s'entraîner – têtes
5. le – est – Saïd – tout – pote – avec – monde
6. par – part – Chris – la – jette – terre – et – montre
7. vacheries – on – ne – entre – se – jeunes – fait – pas – de

Scène 9

1. Pourquoi est-ce que Chris rougit ?
2. Comment est-ce que les jeunes voient leur prof de musique ?
3. As-tu des professeurs que tu apprécies particulièrement et des professeurs que tu détestes ? Pour toi, quelles qualités sont indispensables à un bon professeur ? Quels sont les pires défauts d'un prof ?

Les profs que je préfère sont ceux qui...

Les profs les plus insupportables sont ceux qui...

4. Remplace chaque complément en gras par un pronom (**le, l', la, les, lui, leur**) dans la phrase incomplète.

   a. Ils ne reconnaissent plus **Chris**.
   Ils ne ____________ reconnaissent plus.

   b. Saïd ne peut pas voir **le professeur de musique**.
   Saïd ne peut pas ____________ voir.

   c. Le prof n'aime pas **les jeunes**.
   Le prof ne ____________ aime pas.

   d. Ils ont appris **le vocabulaire d'allemand**.
   Ils ____________ ont appris.

   e. Zazou explique à **ses potes** son truc pour apprendre par cœur ses leçons.
   Zazou ____________ explique son truc pour apprendre par cœur ses leçons.

   f. Big Mac demande **à Zazou** si ça marche.
   Big Mac ____________ demande si ça marche.

5. Formez dix mots avec les éléments suivants.

> ble - ca - ca - ca - ché - de - de - el - en - es - gir
> la - lou - ma - mar - ment - mé - mu - pe - per - pi
> que - ra - ra - ri - rou - se - sem - si - su - té - ve

Scène 10

1. Pourquoi est-ce que Chris explique d'abord son idée à Saïd seulement ?

2. Que penses-tu de l'idée de Chris ? Imagine-toi dans la bande à Frédo : quelle place voudrais-tu avoir dans ce projet ? Pourquoi ?

Dans la bande à Frédo, je voudrais...

3. Qui fait quoi pour le vidéoclip de la fête ? Associe les débuts de phrases du cadre de gauche avec les fins de phrases du bloc de droite.

a. Chris...
b. La bande à Frédo...
c. Frédo...
d. Big Mac...
e. Zazou...
f. Patrick...
g. Saïd...
h. Nanard...
i. La puce...

1. est l'assistant de Patrick.
2. joue de la batterie.
3. chante.
4. filme.
5. danse.
6. change les paroles d'une chanson et en fait une parodie des cours les plus casse-pieds.
7. fait de la « break dance ».
8. s'occupe de la musique.
9. joue des keyboards.

4. « Traduisez » les mots en gras en français familier, en langues des jeunes ou en verlan.

    1. Salut, les **garçons** !
    2. Le gardien a beaucoup **crié**.
    3. Chris est une **fille exceptionnelle**.
    4. Ils ont **faim**.
    5. Patrick est le **frère** de Chris.
    6. L'école n'est pas toujours **amusante**.
    7. Parfois, ils font des **choses bizarres**.
    8. Ils dansent **très, très** bien.
    9. Nanard est l'**ami** de Frédo.
    10. Chris a **volé** une montre.

Scène 11

1. Que penses-tu de « l'intégration » de Chris et Patrick ? Imagine-toi à la place de Chris et Patrick : dans la manière d'entrer en contact avec les autres, es-tu plutôt semblable à Chris ou à Patrick ?

Je pense que l'intégration de...

2. Comment sont les relations des jeunes avec leurs professeurs ? Est-ce que leur implication dans la fête peut changer le regard des profs ? Pourquoi ?

Les profs et les élèves…

3. Mots croisés.

	1	2	3	4	5	6	7	8	9	10
a								■		
b			■			■	■		■	
c		■			■	■				
d								■	■	
e			■		■					■
f	■				■		■		■	
g		■		■		■	■			
h			■					■		

HORIZONTALEMENT :

a. Chris et Patrick sont des …
Le verbe avoir au présent, à la 1ère personne du singulier.

b. Zomblou, ça veut dire blouson … verlan.
Le participe passé du verbe lire.
c. Patrick est le frère … Chris.
Chris est triste, elle a encore … l'épreuve.
d. Dans la classe de Frédo, il y a un élève qui est …
e. Quand il voit la coiffure de Chris, son père est … colère.
Pour Patrick, les jeunes de l'immeuble et les martiens, c'est presque la … chose.
f. Ils sont à toi : ce sont … livres.
g. Big Mac joue bien de la batterie, mais il n'est pas très … en maths.
h. Article indéfini.
Patrick et … sont branchés vidéo.
Elément de la négation.

VERTICALEMENT :
1. M. Lambert oublie qu'il a été …, lui aussi.
Le participe passé du verbe voir.
2. Les Lambert ont une fille et … fils.
Le verbe avoir au présent, à la 3e personne du pluriel.
3. Les jeunes de l'immeuble ont peur … gardien.
Le prof de musique aime seulement Mozart … Beethoven.
4. Les …, et même les profs, applaudissent beaucoup le clip.
5. Chris et Patrick vont … collège.
Guitou est en colère : on a repeint … mob en rose.

6. Un autre mot pour copain.
7. Les jeunes mettent leurs vélos dans le garage, ils ne les laissent jamais dans la ….
8. M. Lambert … au travail en métro.
   La puce ne reconnaît pas la … du gardien.
9. Pronom personnel.
10. Chris a encore eu une … idiote.
    Elle a volé … montre.

4. Où sont les mots ?
   Trouvez dans cette grille 10 mots du français familier.
   Utilisez les 9 lettres qui restent et formez un 11e mot.

G	T	R	U	C	M	A	T
U	O	E	T	O	P	P	O
E	C	N	O	B	I	M	L
U	E	Y	F	L	Q	Y	U
L	M	E	T	L	U	S	O
E	C	I	L	F	E	T	B
R	E	L	A	R	R	R	E

Solutions

Scène 1

4. une planche à roulettes.

9. Les nouveaux sont, ce qu'on appelle en français courant, des ~~**vrais**~~ **/ faux** jumeaux.
   Les faux jumeaux sont les enfants nés d'un même accouchement et issus de 2 ovules différents. Ces 2 enfants ne ressemblent pas nécessairement.

Scène 2

6. a. plus d' ; b. plus ; c. plus d' ; d. plus ; e. plus ; f. plus d' ; g. plus de.

Scène 3

3. a. 2, 3, 5 ; b. 1, 4.

Scène 4

8. a. rien ; b. personne ; c. quelqu'un ; d. tout.

Scène 5

4. a comme une casserole.
   b. le sang.
   c. les oreilles.
   d. l'oreille musicale.

Scène 6

3. a. bouche ; b. dispute ; c. crie ; d. le même visage.

9. SKATEBOARD.
   1. Guitou est un vrai flic ; avec lui, on (ne) peut rien faire.
   2. Patrick est un peu zarbi. Il (ne) parle pas beaucoup.
   3. Vrai.
   4. Vrai.
   5. Maryse, la sœur de Frédo, chante comme une casserole.
   6. Chris et Patrick viennent d'un tout petit village, à la campagne.
   7. Vrai.
   8. Les spaghettis sont le plat préféré de Big Mac.
   9. Vrai.
   10. Frédo a une mèche de cheveux verts.

Scène 7

3. a. coiffure ; b. épouvantail ; c. voyous ; d. loubard.

Scène 8

8. 1. M. Lambert est trop sévère avec ses enfants.
   2. Patrick a appris la vidéo avec son oncle.
   3. Chris veut être comme les jeunes d'ici.
   4. Maryse cherche toujours des têtes pour s'entraîner.
   5. Saïd est pote avec tout le monde.
   6. Chris part et jette la montre par terre.
   7. On ne se fait pas de vacheries entre jeunes.

Scène 9

4. a. la ; b. le ; c. les ; d. l' ; e. leur ; f. lui.

5. rougir ; rapidement ; caméra ; matériel ; escalade ; musique ; cave ; pelouse ; supermarché ; ensemble.

Scène 10

2. a. 6 ; b. 8 ; c. 9 ; d. 2 ; e. 3 ; f. 4 ; g. 1 ; h. 5 ; i. 7.

3. 1. Salut, les **mecs** !
   2. Le gardien beaucoup **gueulé**.
   3. Chris est une **super nana**.

4. Ils ont **la dalle**.
5. Patrick est le **frangin** de Chris.
6. L'école n'est pas toujours **marrante**.
7. Parfois, ils font des **trucs zarbis**.
8. Ils dansent **vachement** bien.
9. Nanard est le **pote** de Frédo.
10. Chris a **piqué** une montre.

Scène 11

3. Mots croisés.

	1	2	3	4	5	6	7	8	9	10
a	J	U	M	E	A	U	X		A	I
b	E	N		L	U			V		D
c	U		D	E			R	A	T	E
d	N	O	U	V	E	A	U			E
e	E	N		E		M	E	M	E	
f		T	E	S		I		O		U
g	V		T		S			B	O	N
h	U	N		S	A	I	D		N	E

4. Où sont les mots ?

G	T	R	U	C	M	A	T
U	O	E	T	O	P	P	O
E	C	N	O	B	I	M	L
U	E	Y	F	L	Q	Y	U
L	M	E	T	L	U	S	O
E	C	I	L	F	E	T	B
R	E	L	A	R	R	R	E

Table des matières